ろ〜ん

ケーヌのなぞなぞ

高橋啓恵・作

西東社

この本《ほん》について

どろどろ〜んと姿《すがた》をあらわす
オバケの仲間《なかま》たち、
それがオバケーヌ。
たくさんの仲間《なかま》がいて、
それぞれに個性《こせい》たっぷり！
今日《きょう》もこっそり、あなたを
おどろかせようと
ひそんでいるかも……!?

この本《ほん》は、そんなかわいい
オバケーヌたちといっしょに
なぞなぞが楽《たの》しめる本《ほん》だよ。

かんたんな問題《もんだい》から、
ちょいムズな問題《もんだい》まで、
その数《かず》、たっぷり３１４問《もん》！

ひとりで頭《あたま》をひねってもいいし、
友《とも》だちや家族《かぞく》と出《だ》し合《あ》っても
もりあがりそうだね。

さあ、オバケーヌたちと
なぞなぞを楽《たの》しもう！

もくじ

Part《パート》 1

キャラクターなぞなぞ

オバケーヌの仲間《なかま》たちにちなんだ
なぞなぞだよ。

オバケーヌ

おどろかせるのが
大《だい》好《す》きなくせに
少《すこ》しビビリなんだ

しゅぞく オバケ族《ぞく》。

とくちょう いろんな色《いろ》に発光《はっこう》できるよ。

しゅみ みんなをおどろかせること。かぶりものなどのコスプレも大《だい》好《す》き！

仲《なか》よし みんなと仲《なか》よし。でも、たまに音《おと》もなくあらわれるヒョロリーヌにびっくり！

お気《き》に入《い》りスポット ドアのかげやまどの外《そと》にかくれて、おどろかせるスキをねらっているよ。

Q1

オバケを見《み》ると出《で》てくるワイってどんなワイ？

Q2

かしてあげたのにこわがられたよ。なにをかした？

Q3

きょうそうしなくても
こわがりなオバケは
ビリになるよ。
どんなビリなの？

Q4

オバケが音《おと》もなく
あらわれたとき出《で》てくる
クリってどんなクリ？

Q5

夜《よる》になるとあらわれて
朝《あさ》になると消《き》えるものって？

Q6

8こあったら光《ひか》る文字《もじ》は
「あいうえお」の中《なか》のどれ？

◀答《こた》えは次《つぎ》のページだよ

ニャンコーヌ

あざとかわいくて
いつも元気《げんき》。
よくはしゃぐよ

しゅぞく ネコ族《ぞく》。

とくちょう キュートなネコ耳《みみ》としっぽ。

しゅみ お絵《え》かき、おさんぽ。インドアもアウトドアもどっちも好《す》き。

仲《なか》よし オバケーヌとミケーヌ。スコティーヌはえいえんのライバル！

お気《き》に入《い》りスポット オウチーヌの中《なか》。

Q7

1つは1こ、3つは3こ、では、ネコはなんこ？

Q8

ネコが9つもっている食《た》べものってなあに？

前《まえ》のページの答《こた》え

Q1 こわい　Q2 おどろかした　Q3 ビビリ

Q9

ライバルの頭《あたま》をかくしたら、えらそうにしている？していない？

Q10

食《た》べられないけど、紙《かみ》とペンで楽《たの》しく遊《あそ》べるカキってどんなカキ？

Q11

とってもキュートなネコのおうちには、ドアがいくつある？

Q12

ネコをおどろかしたら、なんて鳴《な》いた？

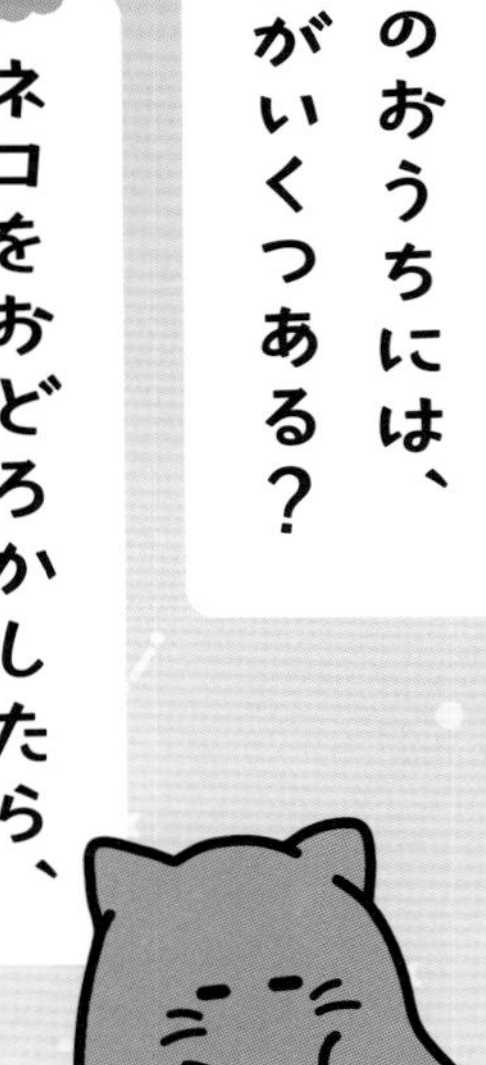

Q6 はっこう(8こ・う)　Q5 星《ほし》　Q4 びっくり

ゾンビーヌ

内《うち》気《き》でひきこもりがち。だけどハロウィンは大《だい》好《す》き！

しゅぞく オバケ族《ぞく》。

とくちょう ツギハギがたくさん。

しゅみ 年《ねん》に一《いち》度《ど》のハロウィンパーティー！ ここぞとばかりにしゃしゃりだす。

仲《なか》よし オチビーヌ。えんりょなくあまえてくるのでちょっとうれしい。

お気《き》に入《い》りスポット ハロウィンのカボチャのそば。

Q 13

とんでいたカが池《いけ》に落《お》ちたら、野《や》菜《さい》があらわれたよ。なんの野《や》菜《さい》？

Q 14

ハロウィンのコスチュームって、かしてもらえる？かしてもらえない？

前《まえ》のページの答《こた》え

Q9 している（頭《あたま》のラを取《と》ったら“いばる”）

Q8 肉《にく》（にくきゅう）

Q7 ニャンコ

Q 15

オバケは1つしか
もっていないのに、
ゾンビは
2つもっているものは？

Q 16

はかばにいる
動《どう》物《ぶつ》ってなあに？

Q 17

どうくつの中《なか》で
見《み》つかるもりって
なあに？

Q 18

ひるがえすと
かっこいいのに、
ひっくり返《かえ》すとまぬけに
なっちゃうもの、なあに？

Q 12　キャッ（キャット鳴《な》いた）　Q 11　9（9戸《と》）　Q 10　お絵《え》かき

テンシーヌ

天使《てんし》のように
やさしくて
空《そら》をとべるよ

しゅぞく ファンタジー族《ぞく》。

とくちょう 空《そら》をとべる白《しろ》い羽《はね》と、天使《てんし》のわっかがついてるよ。

しゅみ 羽《はね》で旅行《りょこう》にとびたつこと。

仲《なか》よし なんだかんだかまってくるアクマーヌ。

お気《き》に入《い》りスポット ふわふわな雲《くも》の上《うえ》。

Q 19

天使《てんし》のわが
4つ集《あつ》まると、
おかしになるんだって。
どんなおかしになる？

Q 20

ふわふわで、
いつもクシャミを
しているものって？
ソファの上《うえ》にあるよ。

前《まえ》のページの答《こた》え

Q 14 かしてもらえる（かそう だから）

Q 13 カボチャ

Q
21

9回《かい》旅《たび》をすると、
どうなる？

Q
22

天使《てんし》のように
やさしい人《ひと》がやる
仕事《しごと》はなに？

Q
23

天使《てんし》が乗《の》っている
乗《の》りものって
なあに？

Q
24

白《しろ》い羽《はね》ではなく、
白《しろ》い毛《け》で
空《そら》をとぶもの、
なあに？

Q18 マント　Q17 こうもり　Q16 カバ　Q15 だくてん（゛）

アクマーヌ

すぐいじわるしてくる
悪《わる》いやつだけど
笑《え》顔《がお》がにくめない！

しゅぞく ファンタジー族《ぞく》。
とくちょう 空《そら》をとべる黒《くろ》い羽《はね》と、あくまのしっぽ。
しゅみ いじわるをすること。つねになにかたくらんでいるよ。
仲《なか》よし なにをしてもゆるしてくれるテンシーヌ。
お気《き》に入《い》りスポット オバケーヌ学園《がくえん》の屋上《おくじょう》と、ゲームセンター。

Q25 あくまが見《み》つけた動《どう》物《ぶつ》ってなあに？

Q26 あくまのしっぽが2本《ほん》にふえたら、別《べつ》の生《い》きものになっちゃった！なにになった？

前《まえ》のページの答《こた》え

Q21 くたびれる　Q20 クッション　Q19 わがし

Q
27

ゲームをしに行《い》く
場《ば》所《しょ》なのに
「ゲームしない！」と
言《い》っている場《ば》所《しょ》は？

Q
28

魚《さかな》はぎょるい、
鳥《とり》はちょうるい。
では、いじわるな
あくまはなにるい？

Q
29

チャーシューメンが
みんなに
きらわれないのは
なぜ？

Q
30

いじわるな人《ひと》は
体《からだ》のどこかが
曲《ま》がっているよ。
それはどこ？

Q 24 タンポポのわたげ　Q 23 自転車《じてんしゃ》（じテンシャ）　Q 22 運転士《うんてんし》（うん、天使《てんし》）

プリーヌ

プリンプリンの
おはだで
あまいかおりがするよ

しゅぞく タベモノ族《ぞく》。

とくちょう あまいかおりと、プリンプリンのおはだ。

しゅみ レトロきっさめぐり、おはだのケア。

仲《なか》よし アイスーヌとゼリーヌは“あまとう”友《とも》だち。

お気《き》に入《い》りスポット レトロなきっさ店《てん》。

Q 31

王《おう》子《じ》さまのプリンには、すっぱい調《ちょう》味《み》料《りょう》がかかっているんだって。なんの調《ちょう》味《み》料《りょう》？

Q 32

らんぼうもののくだもののはなあに？

前《まえ》のページの答《こた》え

Q 27 ゲームセンター　Q 26 おに（お2）　Q 25 くま（あ！くま）

Q 33

プリンにはなくて
まんじゅうにはある、
さくらんぼにはなくて
バナナにはあるものって？

Q 34

飲《の》んだら
なにかを思《おも》いつく
あまい飲《の》みものって
なあに？

Q 35

ふつう貝《かい》って貝《かい》がらが
あってかたいけど、
かたくないカイって
どんなカイ？

Q 36

グミ、プリン、ドーナツ。
3じのおやつと
いえばどれ？

Q 30 へそ
Q 29 肉《にく》の入《はい》っためんだからにくめん
Q 28 わるい

ウサギーヌ

かわいい顔《かお》して
わりとやる！
しっかり者《もの》だよ

しゅぞく アニマル族《ぞく》。

とくちょう 長《なが》いウサ耳《みみ》と丸《まる》いしっぽ。ぴょんぴょんとびはねるのがとくい。

しゅみ ピクニック、おべんとう作《づく》り。

仲《なか》よし ベアーヌとオニギリーヌ。

お気《き》に入《い》りスポット 公園《こうえん》のしばふや花《か》だん。

Q 37

ウサギにあって、
食《しょく》パンにもあって、
サンドイッチにはない。
これなあに？

Q 38

ウサギができれば
会《あ》いたくない
鳥《とり》ってなあに？

前《まえ》のページの答《こた》え

Q 33 数字《すうじ》（じゅう、なな）
Q 32 さくらんぼ
Q 31 酢《す》（プリンス）

Q39
ウサギが世界《せかい》でいちばん好《す》きなのって、なにじん？

Q40
公園《こうえん》にある「バフバフバフバフ」ってなんのこと？

Q41
ウサギについている「ぽぽぽぽ」ってなあに？

Q42
丸《まる》をつけたら動物《どうぶつ》になる文字《もじ》は「あいうえお」の中《なか》のどれ？

Q36 プリン(3字《じ》)　Q35 やわらかい　Q34 ソーダ

ミケーヌ

みんなの心《こころ》を
ほっこりさせる
人気者《にんきもの》!

しゅぞく ネコ族《ぞく》。

とくちょう いやしけいなミケネコのオバケ。なでるととけそうな顔《かお》になる。

しゅみ なでなでされること。

仲《なか》よし ニャンコーヌ。

お気《き》に入《い》りスポット やわらかいじゅうたんの上《うえ》。

Q43
木《き》の根《ね》っこのまん中《なか》をかくしたらあらわれた生《い》きものってなあに?

Q44
「ケケケ」と笑《わら》っているネコってどんなネコ?

Q45
ネコは鳴《な》くときに、笑《わら》う? おこる?

前《まえ》のページの答《こた》え

Q37 みみ
Q38 サギ(う、サギ…)
Q39 にんじん

Q 46

子《こ》ネコが2つもっていて、子《こ》犬《いぬ》が1つしかもっていないものってなあに？

Q 47

ノラネコとかいネコ、ひざの上《うえ》に来《き》てくれない子《こ》はどっち？

Q 48

ミケネコは、朝《あさ》昼《ひる》晩《ばん》しっかりごはんを食《た》べるよ。どうして？

Q 42　あ（あに丸《まる》＝アニマル）　Q 41　しっぽ（4ぽ）　Q 40　しばふ（4バフ）

シバーヌ

野球《やきゅう》が大好《だいす》き！
ケンカしたことのない
よわたり上手《じょうず》なんだ

しゅぞく イヌ族《ぞく》。
とくちょう 親《した》しみやすいシバ犬《いぬ》のオバケ。クルンとしたしっぽがついているよ。
しゅみ 野球《やきゅう》をすること。
仲《なか》よし だれとでも仲《なか》よくできる。トラーヌは親友《しんゆう》。
お気《き》に入《い》りスポット オバケーヌ学園《がくえん》のグラウンド。

Q 49

「大《だい》・中《ちゅう》・小《しょう》」、点《てん》をつけたら動《どう》物《ぶつ》になるのはどれ？

Q 50

犬《いぬ》とネコ、すぐにいなくなっちゃうのはどっち？

前《まえ》のページの答《こた》え

Q 45 笑《わら》う（"にゃ～"と鳴《な》くので）
Q 44 ミケネコ（3ケネコ）
Q 43 ネコ（根《ね》っこ→ネコ）

Q 51

チーズが大《だい》好《す》きな丸《まる》い犬《いぬ》ってなあに？

Q 52

いつもしっぽをふっているのは犬《いぬ》。では、いつもしっぽをかんでいる動《どう》物《ぶつ》は？

Q 53

はいゆうになれそうな犬《いぬ》って、どんな犬《いぬ》？

Q 54

犬《いぬ》がしゃべる英《えい》語《ご》は「1・2・3」のうちどれ？

Q 48　3食《しょく》（3色《しょく》）だから　Q 47　ノラネコ（乗《の》らねぇ子《こ》）　Q 46　こ

ペンコーヌ

マジメでユーモアがあるけどすぐにころんじゃう

しゅぞく ミズ族《ぞく》。

とくちょう くちばしのついたペンギンのオバケ。マジメとユーモアのバランスがいい。

しゅみ 楽《たの》しい計画《けいかく》を立《た》てること。追《お》いかけっこ。

仲《なか》よし カメーヌ、テチーヌ、クリオーヌ、ラッコーヌ。

お気《き》に入《い》りスポット 海《うみ》やオバケーヌ学園《がくえん》のプール。

Q 55

川《かわ》にあるのはつりばし。ではペンギンにあるのは、なにばし？

Q 56

ペンギンが頭《あたま》の上《うえ》にのせている文《ぶん》ぼう具《ぐ》ってなあに？

前《まえ》のページの答《こた》え

Q51 マルチーズ

Q50 犬《いぬ》（いぬ＝いない）

Q49 大《だい》（犬《いぬ》）

Q57

いねむりしても
おこられない
習《なら》いごとってなあに？

Q58

マジメな人《ひと》ほど
かたくなるところって、
どこ？

Q59

ペンギンの体《からだ》の
下《した》のほうの
色《いろ》ってなに色《いろ》？

Q60

のっぽとちびっこが
一《いち》日《にち》中《じゅう》追《お》いかけっこ。
これなあに？

Q54　1（ワン）　Q53　シバ犬《いぬ》（しばい・ぬ）　Q52　オオカミ（おをかみ）

なぞなぞの答《こた》えをさがそう！

絵《え》さがしなぞなぞ

オバケーヌたちが、食《た》べ放題《ほうだい》のレストランに来《き》たよ。
なぞなぞの答《こた》えを、左《ひだり》ページの絵《え》の中《なか》から見《み》つけてね！

Q 61

ミルクを入《い》れたらミルクティー、レモンを入《い》れたらレモンティー、めんを入《い》れたらなにティー？

Q 62

ヒザの上《うえ》に丸《まる》をかいたら食《た》べたくなるものってなあに？

Q 63

みんなが大《だい》好《す》きな「スススススススススス」ってなあに？

前《まえ》のページの答《こた》え

Q 57 水泳《すいえい》（スイミン・ぐ〜）
Q 56 ペン
Q 55 くちばし

Omake 絵《え》さがしなぞなぞ

Q 60 時計《とけい》

Q 59 銀色《ぎんいろ》

Q 58 頭《あたま》

絵《え》さがしなぞなぞの答《こた》え

Part《パート》 2

かわいい なぞなぞ

お花《はな》、くだもの、ファッション、パーティーなど、
かわいいテーマのなぞなぞを集《あつ》めたよ。

Q
64

いそがしい人《ひと》も、
もらったら「ヒマ」に
なる黄《き》色《いろ》い花《はな》は？

Q
65

バラバラの花《はな》束《たば》を、
さらに半《はん》分《ぶん》にしたら
なんの花《はな》になる？

Q
66

春《はる》になると
あちこちの公《こう》園《えん》に
あらわれるナミって
どんなナミ？

Q 67

スズなのに
リンリンと鳴《な》らず
ランランと鳴《な》るよ。
これなあに？

Q 68

ツボは
いくつあったら
お花《はな》になるの？

Q 69

人《にん》間《げん》だと白《しろ》くてかたい、
花《はな》だと緑《みどり》でやわらかい。
これなあに？

◀答《こた》えは次《つぎ》のページだよ

Q
70

人《ひと》の頭《あたま》の上《うえ》に
乗《の》るウシって、
どんなウシ？

Q
71

ぎゃく向《む》きに
つけたら、
6回《かい》たたかれちゃう
ものって？

Q
72

かた手《て》で
ピースをしながら
着《き》る服《ふく》ってなあに？

Q 73

入口《いりぐち》は1つ、出口《でぐち》は2つの長《なが》いトンネルってなんのこと？

Q 74

どんよりしていても、はくと気分《きぶん》がスカッとする服《ふく》は？

Q 75

店員《てんいん》さんに「どれにします？」と気《き》さくに聞《き》かれてえらんだ服《ふく》は？

Q 67 スズラン

Q 68 3つ（つぼ3《み》）

Q 69 は（歯《は》・葉《は》）

Q
76

キスをするのが
大《だい》好《す》きな
春《はる》の花《はな》は？

Q
77

かき氷《ごおり》を
食《た》べずにいたら、
なぞなぞの答《こた》えが
わかったよ。
どうして？

Q
78

夏《なつ》祭《まつ》りに行《い》くと
見《み》るタイって
どんなタイ？

前《まえ》のページの答《こた》え

Q 72 ワンピース　Q 71 てぶくろ（6ぶて）　Q 70 ぼうし

Q 79

秋《あき》におおいしくなる
「ままま」って
なあに？

Q 80

秋《あき》になると
黄《き》色《いろ》くかわる
チョウって
なにチョウ？

Q 81

雪《ゆき》で作《つく》る
マクラって
なあに？

Q
82

仲《なか》よしの友《とも》だちとの
間《あいだ》にある
アルファベットは
「A《エー》・B《ビー》・C《シー》・D《ディー》・E《イー》」
のうち、どれ？

Q
83

友《とも》だちと
お別《わか》れするとき
出《で》てくるタネって
どんなタネ？

Q
84

友《とも》だち5人《にん》で
かくれんぼ。
3人《にん》見《み》つかって、
のこりはなん人《にん》？

前《まえ》のページの答《こた》え

Q78 屋台《やたい》

Q77 とけたから

Q76 チューリップ

Q
85

たんじょう日《び》プレゼントを
足《あし》でけとばしたのに
みんなが笑《え》顔《がお》になったよ。
どうして？

Q
86

勝《か》ったほう
じゃなく
負《ま》けたほうが
笑《え》顔《がお》になる
勝《しょう》負《ぶ》ってなあに？

Q
87

人《ひと》にとられてもおこるどころか
笑《え》顔《がお》になってしまう
ものってなあに？

Q
88

回《かい》転《てん》ずしで、ついつい
手《て》をのばしてしまう
ネタってなあに？

Q
89

遠《とお》くにあっても
近《ちか》くにありそうな
料《りょう》理《り》屋《や》さんって、
なに屋《や》さん？

Q
90

そこにあるはずなのに、
お皿《さら》しかないように
見《み》える食《た》べものは？

前《まえ》のページの答《こた》え

Q
84
1人《ひとり》（もう1人《ひとり》はオニ役《やく》）

Q
83
またね

Q
82
E《イー》（仲《なか》がいい→中《なか》がE《イー》）

Q 91

食《た》べると
オニをやっつける
力《ちから》がわいてくる
食《た》べものは？

Q 92

家《いえ》のポストに
入《はい》っている
おすしって
なあに？

Q 93

絵《え》が苦手《にがて》な人《ひと》でも
上手《じょうず》にかける食《た》べものは、
チキンライスと
カレーライス、どっち？

Q 87 写真《しゃしん》　Q 86 にらめっこ　Q 85 サッカーボールだから

Q 94

「て」がついていて、
足《あし》も4本《ほん》あるのに
生《い》きものじゃないんだって。
これなあに？

Q 95

部《へ》屋《や》がきれいになるたび、
ぎゃくにゴミだらけに
なるものってなあに？

Q 96

真《ま》っ暗《くら》な夜《よる》でも
部《へ》屋《や》を明《あか》るくしてくれる
イトってどんなイト？

前《まえ》のページの答《こた》え

Q 88 とろ（取《と》ろ〜！）
Q 89 そば屋《や》さん
Q 90 サラダ（皿《さら》だ）

Q 97

汚《よご》れていても
キチンとしていると
言《い》ってもらえる
部屋《へや》はどこ？

Q 98

家《いえ》の中《なか》で、カが10匹《びき》
とまっているのはどこ？

Q 99

家《いえ》の中《なか》で歩《ある》きながら
アイスを食《た》べていたら、
家具《かぐ》にぶつかったよ。
なににぶつかった？

Q 93 カレーライス（かけて食《た》べる）　Q 92 ちらしずし（チラシ）　Q 91 おにぎり

Q
100

笑《わら》うとついつい
よんでしまうのは、
お父《とう》さんとお母《かあ》さん、
どっち？

Q
101

いつも話《はな》しかけてくる
家族《かぞく》ってだれ？

Q
102

おじいちゃんと食《た》べる、
つめたいクリームって
なあに？

前《まえ》のページの答《こた》え

Q 96 ライト

Q 95 ゴミ箱《ばこ》

Q 94 テーブル

Q 103

家《いえ》のろうかを
通《とお》ろうとしたら、
じゃまをしてくる
家《か》族《ぞく》がいるよ。だれ？

Q 104

リレーで優《ゆう》勝《しょう》しても
家《か》族《ぞく》から「2位《い》」と
言《い》われる
のはだれ？

Q 105

「ママ」＋「ママ」＋
「ママの半《はん》分《ぶん》」
これはだれ？

Q 99 イス（あ、イス）　Q 98 カーテン（カ・10《テン》）　Q 97 キッチン（キチン）

Q106

スイカはないけど、ぶどうやメロンはある。これなあに？

Q107

食《た》べるとびっくりしちゃうパンってなあに？

Q108

やくとパンになる鳥《とり》ってなあに？

前《まえ》のページの答《こた》え

Q102 ソフトクリーム（祖父《そふ》とクリーム）　Q101 お姉《ねえ》ちゃん（ねえねえ）　Q100 お母《かあ》さん（ハハッ！）

Q 109

中《なか》にココロを
もっている
パンってなあに？

Q 110

3回《かい》も
苦労《くろう》をした
ことがあるという
パンは？

Q 111

トーストを
作《つく》るのが
上手《じょうず》な
スターって？

Q 105 まご（マが5）　Q 104 お兄《にい》ちゃん（お2位《い》ちゃん）　Q 103 お父《とう》さん（通《とお》さん！）

Q 112

町《まち》よりも村《むら》で
先《さき》に人《にん》気《き》が出《で》た
色《いろ》ってなあに？

Q 113

いつもいつも
たいへんな目《め》に
あっている
と言《い》う色《いろ》は？

Q 114

命《めい》令《れい》ばっかり
してくる色《いろ》は？

前《まえ》のページの答《こた》え

Q 106 パン

Q 107 食《しょく》パン（ショックパン）

Q 108 キジ（生地《きじ》）

Q 115

いつも
いい返事《へんじ》をする
色《いろ》ってなに色《いろ》？

Q 116

見《み》ると
寒《さむ》くなって
ふるえちゃう色《いろ》は？

Q 117

金《きん》・銀《ぎん》・銅《どう》の中《なか》で
にごってない色《いろ》は
1つだけだよ。
どの色《いろ》？

Q 111 トースター　Q 110 クロワッサン（苦労《くろう》は3）　Q 109 チョココロネ

Q118

池《いけ》を泳《およ》ぐのは水鳥《みずどり》、
夏《なつ》祭《まつ》りでおどるのは
なにドリ？

Q119

夏《なつ》祭《まつ》りで
よく見《み》かける
かたって、
どんなかた？

Q120

お祭《まつ》りの
ときに着《き》る、
着《き》ると幸《しあわ》せに
なるものって？

前《まえ》のページの答《こた》え

Q115 はい色《いろ》（はい！）　Q114 白《しろ》（しろ！）　Q113 黒《くろ》（苦労《くろう》）　Q112 むらさき（村先《むらさき》）

Q 121

たきの中《なか》の小屋《こや》で売《う》っている食《た》べものは？

Q 122

わったら使《つか》えて、折《お》れたら使《つか》えないものなあに？

Q 123

射的《しゃてき》でみごと当《あ》てると、動物《どうぶつ》が鳴《な》くんだって。なにとなにが鳴《な》く？

Q 117 金《きん》（銀《ぎん》と銅《どう》はだくてん「゛」がついている）　Q 116 ブルー（ブルブル）

Q
124

悪《わる》い人《ひと》を
つかまえるカンって
どんなカン？

Q
125

とべないけれど
会《かい》社《しゃ》の人《ひと》みんなに
エライと言《い》われる
チョウってどんなチョウ？

Q
126

レストランで
料《りょう》理《り》をしながら
3回《かい》うなずいている
人《ひと》ってだれ？

前《まえ》のページの答《こた》え

Q121 たこやき　Q120 ハッピ　Q119 ゆかた　Q118 ぼんおどり

Q 127

9番《ばん》目《め》に人《にん》気《き》の仕《し》事《ごと》ってなんだ？

Q 128

かみの毛《け》をきれいに整《ととの》えてくれるウシってどんなウシ？

Q 129

まんじゅうを果《か》汁《じゅう》にかえてしまう仕《し》事《ごと》って？

Q 123 羊《ひつじ》とネズミ（命中《めいちゅう》→羊《ひつじ》がメェー、ネズミがチュー）　Q 122 わりばし

Q
130

いつも数《かず》は
かわらないのに、
へったり、いっぱいに
なったりする
体《からだ》のぶぶんは？

Q
131

顔《かお》の中《なか》に
2匹《ひき》いるブタって
どんなブタ？

Q
132

体《からだ》の中《なか》で
ドキドキ動《うご》いている
ゾウってどんなゾウ？

前《まえ》のページの答《こた》え

Q 126 コックさん（コクッ・3）

Q 125 社長《しゃちょう》

Q 124 けいさつかん

Q 133

みんなの体《からだ》の中《なか》に
いくつも入《はい》っているのに
「ぜんぜんない」と
言《い》われるものは？

Q 134

体《からだ》から
毎《まい》日《にち》のびている
「め」って
なあに？

Q 135

いつも
イヤイヤばっかり
言《い》っている
体《からだ》のぶぶんは？

Q 129 マンガ家《か》（「まん」が「か」にかわった）　Q 128 びようし　Q 127 大工《だいく》（第《だい》9）

Q 136

足《あし》の上《うえ》のほうに
くっついている
くだものは？

Q 137

柔道《じゅうどう》や剣道《けんどう》が
大好《だいす》きな
くだものって？

Q 138

「バババババババ」
このくだものは
なあに？

前《まえ》のページの答《こた》え

Q 130 おなか

Q 131 まぶた

Q 132 心《しん》ぞう

Q 139

あってもないと
言《い》われてしまう
くだものは？

Q 141

1こかと思《おも》ったら
5こだという。
このくだものは？

Q 140

お父《とう》さんが
きらいな
くだものって？

Q 142

プレゼントを4こもらったから、両手《りょうて》にプレゼントをもって笑《わら》ったよ。どんなふうに笑《わら》った？

Q 143

片手《かたて》でもち上《あ》げてカプッと食《た》べるのはどんなケーキ？

Q 144

パーティーの最初《さいしょ》にかならず出《で》てくるパイは、どんなパイ？

前《まえ》のページの答《こた》え

Q 136 もも

Q 137 ぶどう

Q 138 バナナ

Q 145

バースデーケーキの上《うえ》で、あせをかきながらせがちぢむものってなあに？

Q 146

最初《さいしょ》は丸《まる》で、切《き》ると三角《さんかく》になって、みんなでわけっこするキって、どんなキ？

Q 147

ふーふーふかなきゃ作《つく》れないのに、ふかない！と言《い》いはるものって？

Q 141 いちご　Q 140 パパイヤ　Q 139 なし

Q 148

「タン！」とたたくと「バリン！」と音《おと》がする楽《がっ》器《き》は？

Q 149

ペットのトラがふいている楽《がっ》器《き》って？

Q 150

ふくと「頭《あたま》がいい！」とほめてもらえる楽《がっ》器《き》は？

前《まえ》のページの答《こた》え

Q 144 かんぱい　Q 143 カップケーキ　Q 142 ニコニコ（2こ・2こ）

Q 151

自分《じぶん》のを
もってきたのに
「ねえ、借《か》りたら？」
と言《い》われる楽器《がっき》は？

Q 152

水曜日《すいようび》が終《お》わったら
演奏《えんそう》する
楽器《がっき》はなあに？

Q 153

中《なか》にタネが入《はい》っている
楽器《がっき》って？

Q
154

レストランで
注《ちゅう》文《もん》を聞《き》く人《ひと》が
いる場《ば》所《しょ》は、
上《じょう》下《げ》左《さ》右《ゆう》のうち
どこ？

Q
155

回《かい》転《てん》ずしに
貝《かい》は
いくつある？

Q
156

レストランに行《い》って
いちばん最《さい》初《しょ》に
たのむものって
なあに？

Q 157

ホットケーキの中《なか》で
ずっと動《うご》いている
ものってなあに？

Q 158

ラーメンを
食《た》べるのを
助《たす》けてくれる
お花《はな》って？

Q 159

かんたんに
やけるのに、
やくのがたいへんだと
言《い》われる食《た》べものは？

Q 153 カスタネット　Q 152 もっきん（木金《もっきん》）　Q 151 オカリナ（お！借《か》りな？）

Q 160

買《か》いものをしたら
お店《みせ》の人《ひと》が
お金《かね》をくれたよ。
どうして？

Q 161

どのおもちゃ屋《や》さんにも
かならずある食《た》べものって？

Q 162

メイク用《よう》品《ひん》を
買《か》いに行《い》った
親《しん》せきの子《こ》ってだれ？

前《まえ》のページの答《こた》え

Q 156 注文《ちゅうもん》

Q 155 10（貝《かい》10《テン》）

Q 154 上《うえ》（ウェイター→上《うえ》いた！）

Q 163

2人組《ふたりぐみ》の
お笑《わら》い芸人《げいにん》に
おすすめしたい
お店《みせ》って？

Q 164

お店《みせ》に行《い》って、
ほしい商品《しょうひん》を
見《み》つけて買《か》うのは
なんじ？

Q 165

そのお店《みせ》で
流《なが》れている曲《きょく》が
好《す》きになれないよ。
どんなお店《みせ》？

Q 159 やき肉《にく》（やきにく！）　Q 158 レンゲ　Q 157 時計《とけい》（ほっトケイき）

なにをしているのかな？

シルエットなぞなぞ

オバケーヌたちがなにかをしているけど、なにをしているんだろう。
シルエットをヒントに、なぞなぞに答《こた》えよう。

Q 166

音《おん》楽《がく》が流《なが》れて、
楽《たの》しそうに歌《うた》を
うたうオケって？

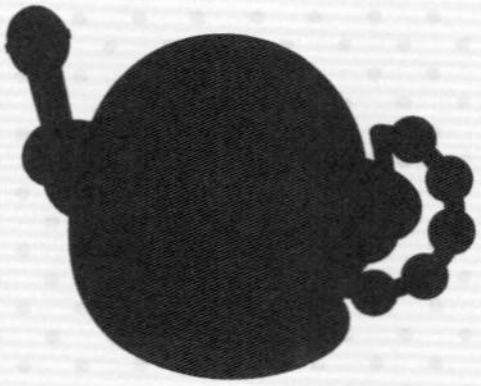

Q 167

食《た》べものを
つかんで
投《な》げたのに、
ちっとも
おこられ
なかったよ。
これなあに？

Q 168

前《まえ》じゃなくて、
上《うえ》を見《み》ないと
いけない
ナビって？

前《まえ》のページの答《こた》え

Q 162 めい（めい・行《い》く＝メイク）　Q 161 おもち　Q 160 おつりが出《で》たから

Q
169

スミを使《つか》うのに
習《しゅう》字《じ》じゃない。
アミを使《つか》うけど
魚《さかな》つりじゃない
ものって？

Q
170

食《た》べないで、
道《みち》のわきに
よせるカキって
どんなカキ？

Q
171

おやつの
時《じ》間《かん》は3時《じ》、
部《へ》屋《や》をきれいに
するのはなんじ？

Q 165 薬局《やっきょく》（イヤ！曲《きょく》）　Q 164 レジ　Q 163 コンビニ（コンビに）

シルエットなぞなぞの答《こた》え

Q166 カラオケ

Q167 豆《まめ》まき

Q168 花火《はなび》

Q169 バーベキュー

Q170 雪《ゆき》かき

Q171 そうじ

オバケーヌ図鑑《ずかん》①

オバケーヌの仲間《なかま》たちを、種族《しゅぞく》ごとに紹介《しょうかい》するよ！

オバケ族《ぞく》

オバケーヌ

みんなをおどろかせるのが大好《だいす》きなくせに、少《すこ》しビビリ。くわしくは6ページを見《み》てね。

オチビーヌ

まん丸《まる》おちびで足《あし》は1本《ぽん》。あまえんぼうでかまってちゃん。オバケーヌの頭《あたま》の上《うえ》にいるのが好《す》き。

テチーヌ

歩《ある》くとテチテチ音《おと》が鳴《な》る、小《ちい》さくて足《あし》のはえたオバケ。追《お》いかけっこが好《す》きだけどすぐにつかれる。

ゾンビーヌ

内気《うちき》で引《ひ》きこもりがちだけど、ハロウィンが近《ちか》づくとしゃしゃりだす。くわしくは10ページを見《み》てね。

ヒョロリーヌ

スリムで背《せ》が高《たか》いのに、そんざい感《かん》なし。しゅみはくねくね体《たい》そう。すきまにかくれるのが上手《じょうず》。

オデビーヌ

食《た》べるのが大好《だいす》きで、ふくふくとした体型《たいけい》。そんな自分《じぶん》が好《す》きで、ダイエットはしない。

ペラリーヌ

紙《かみ》のようにペラペラで軽《かる》い体《からだ》。あらゆる細《ほそ》～いすきまに入《はい》れるか、ついためしたくなる。

トロリーヌ

体《からだ》がトロトロにとけてしまったオバケ。アイドルのおし活《かつ》がしゅみで、ライブによく行《い》く。

アニマル族《ぞく》

ウサギーヌ

長《なが》いウサ耳《みみ》と丸《まる》いしっぽがかわいい、しっかり者《もの》。くわしくは18ページを見《み》てね。

ベアーヌ

本当《ほんとう》は白《しろ》くまだけど、こんがり日《ひ》にやけてこの色《いろ》に。パラソルの下《した》などの日《ひ》かげがお気《き》に入《い》り。

メリーヌ

くるんとした角《つの》とふわふわなはだざわりの、ヒツジのオバケ。みんなをうとうとさせるのがとくい。

ゴリリーヌ

筋《きん》トレとサウナが好《す》きなゴリラのオバケ。なんでもまかせられる、みんなのたよれるアニキ。

パンディーヌ

はっきり意見《いけん》が言《い》えるパンダのオバケ。バレーボールがしゅみで、中華《ちゅうか》料理《りょうり》が好《す》き。

トラーヌ

とにかく顔《かお》がいいトラのオバケ。かくれファンがたくさんいるらしい。野《や》球《きゅう》とお笑《わら》いが好《す》き。

コアラーヌ

耳《みみ》と鼻《はな》が大《おお》きいコアラのオバケ。みんなにどうしてもだっこされたい、かまってちゃん。

ピヨコーヌ

羽《はね》のはえたヒヨコのオバケ。歌《うた》が上手《じょうず》で、しゅみはカラオケで高《こう》とくてんをねらうこと。

ウシーヌ

とってもマイペースで、もうそうにふけるのが好《す》きな、ウシのオバケ。オウチーヌと仲《なか》よし。

キツネーヌ

小《ちい》さなウソをいっぱいつく、キツネのオバケ。しゅみは山登《やまのぼ》りで、イチョウの木《き》の下《した》が好《す》き。

つづきは105ページだよ

Part《パート》 3

ぼうけん
なぞなぞ

遊園地《ゆうえんち》や乗《の》りもの、虫《むし》、おとぎ話《ばなし》など、
ぼうけん気分《きぶん》になれるなぞなぞを出題《しゅつだい》するよ。

Q 172

観覧車《かんらんしゃ》の中《なか》で
さいているお花《はな》は
なあに？

Q 173

ジェットコースターが
かならず最後《さいご》に
落《お》とすものって？

Q 174

おばけ屋《や》しきの
うら側《がわ》にあるお店《みせ》は
なに屋《や》さん？

Q 175

夜《よる》におじいちゃんがジャンプをしているアトラクションは？

Q 176

日《にち》曜《よう》日《び》で大《おお》にぎわいの遊《ゆう》園《えん》地《ち》、入《はい》るかどうかまよっている鳥《とり》は？

Q 177

王《おう》さまが「さようなら」と手《て》をふるアトラクションって？

◀答《こた》えは次《つぎ》のページだよ

Q 178

連《れん》休《きゅう》の終《お》わり、高《こう》速《そく》道《どう》路《ろ》で車《くるま》がちっとも進《すす》まないときにあらわれる10匹《ぴき》の魚《さかな》って？

Q 179

乗《の》ると9回《かい》「さようなら」と言《い》ってしまう乗《の》りものは？

Q 180

オシャレなデザインでも「センスがダメだ」と言《い》われてしまう乗《の》りものは？

前《まえ》のページの答《こた》え

Q174 ごはん屋《や》さん（うらめし屋《や》）　Q173 スピード　Q172 らん

Q 181

トラが
つかれちゃう
乗《の》りものって
なあに？

Q 182

乗《の》るとボーッと
してしまう
乗《の》りものって
なあに？

Q 183

3人《にん》の乗客《じょうきゃく》を乗《の》せた
バスが、バス停《てい》で1人《ひとり》
おろしたよ。バスに
人《ひと》は今《いま》、なん人《にん》？

Q 177 バイキング　Q 176 コンドル　Q 175 バンジージャンプ（晩《ばん》じい）

Q 184

レインコートと雨《あま》がっぱ、鳥《とり》がかくれているのはどっち？

Q 185

天《てん》気《き》が悪《わる》い日《ひ》に空《そら》から落《お》ちてくるおかしはなあに？

Q 186

晴《は》れた日《ひ》に外《そと》に出《で》ると、どこまでもマネしながらついてくるものって？

前《まえ》のページの答《こた》え

Q 180 せん水《すい》かん（センスいかん！）　Q 179 バイク　Q 178 たい（10たい）

Q 187

天《てん》気《き》がいいのにあらわれて、人《ひと》や車《くるま》が進《すす》めなくなるキリって？

Q 188

雨《あめ》でぬれても、2つあればすぐにかわく道《どう》具《ぐ》って？

Q 189

ソラの上《うえ》にあるものってなあに？

Q 183 3人《にん》（運転手《うんてんしゅ》さんがいるから）　Q 182 ボート（ボーッと）　Q 181 トラクター

Q 190

点《てん》が1つしかなくても
10こあると言《い》われる、
小《ちい》さな虫《むし》ってなあに？

Q 191

たるはたるでも、
おしりが光《ひか》る
たるってなーんだ？

Q 192

足《あし》が8本《ぼん》あって、
空《そら》の上《うえ》にもいる
虫《むし》ってなあに？

Q 193

「1、2、3、4、5、6、7」まで数《かぞ》えたところで虫《むし》がとび出《だ》した。なんの虫《むし》？

Q 194

あつい日《ひ》にクーラーのきいた部屋《へや》にさそってくれるハチってなにバチ？

Q 195

かいだんの5だん目《め》で見《み》つけた虫《むし》ってなあに？

Q 189　シド（ドレミファソラシド）　Q 188　かさ（カサカサ）　Q 187　ふみきり

Q 196

山《やま》で大声《おおごえ》を出《だ》したら
マネしてくるコって
どんなコ？

Q 197

ハイキング中《ちゅう》にあいさつを
してくれるのは、王《おう》さま・
女王《じょおう》さま・おひめさま・
王子《おうじ》さまのうち、だれ？

Q 198

山《やま》の上《うえ》にチョウチョは
なん匹《びき》いるの？

前《まえ》のページの答《こた》え

Q 190 てんとう虫《むし》

Q 191 ほたる

Q 192 くも

Q 199

山《やま》の上《うえ》にある文《ぶん》ぼう具《ぐ》は「えんぴつ・ペン・消《け》しゴム」のうち、どれ？

Q 200

中身《なかみ》がからっぽになると、おなかがいっぱいになる箱《はこ》ってどんな箱《はこ》？

Q 201

山《やま》の中《なか》で食《た》べられる草《くさ》をとった子《こ》どもの年《ねん》れいはなん才《さい》？

Q 195 だんご虫《むし》　Q 194 スズメバチ　Q 193 ハチ

Q 202

外《そと》で子《こ》どもが泣《な》いている
場《ば》所《しょ》ってどこ？

Q 203

ちがついているのに、
みんな気《き》にせず
座《すわ》っている
イスってなあに？

Q 204

ふねじゃないのに、こいで
前《まえ》や後《うし》ろに進《すす》む、公《こう》園《えん》に
あるものってなに？

前《まえ》のページの答《こた》え

Q 198 3（山《さん》ちょう）

Q 197 王《おう》さま（ハイ！キング）

Q 196 やまびこ

Q 205

1人《ひとり》では遊《あそ》べない、2人《ふたり》いれば遊《あそ》べる遊具《ゆうぐ》ってなあに？

Q 206

花《か》だんの上《うえ》をとんでいる虫《むし》ってなあに？

Q 207

公園《こうえん》のうえをかくしたら、見《み》えた色《いろ》ってなに色《いろ》？

Q 201 3才《さい》（山《さん》さい）　Q 200 おべんとう箱《ばこ》　Q 199 ペン（てっぺん）

Q
208

きれいな小《お》川《がわ》を流《なが》れる
2つの食《しょっ》器《き》ってなあに？

Q
209

まん中《なか》に大《おお》きな穴《あな》が
あいているのに、水《みず》にうく
ものってなあに？

Q
210

海《うみ》で「9時《じ》だよ！」と
知《し》らせてくれる大《おお》きな
生《い》きものってなあに？

前《まえ》のページの答《こた》え

Q 204 ブランコ

Q 203 ベンチ

Q 202 公園《こうえん》（子《こ》・うぇ～ん！）

Q 211

体《たい》重《じゅう》が100キロもあるタイってどんなタイ？

Q 212

夏《なつ》のあつい日《ひ》、かゆくなくてもかいてしまうものってなあに？

Q 213

海《うみ》の中《なか》にしずんでいったのに、海《うみ》の中《なか》をさがしてもどこにもないものは？

Q 207 こん色《いろ》（公園《こうえん》の“うえ”をかくす）　Q 206 か　Q 205 シーソー

Q
214

きらいな人《ひと》が
いない冬《ふゆ》の
スポーツって
なあに？

Q
215

ボールが入《はい》らない
かわりにきれいな
音楽《おんがく》が聞《き》こえる
ゴールって
どんなゴール？

Q
216

筋肉《きんにく》をきたえている人《ひと》が
オリンピックで
「とりなさい！」と言《い》う
メダルは？

前《まえ》のページの答《こた》え

Q 210 クジラ　Q 209 うきわ　Q 208 皿《さら》（サラサラ）

Q 217

数字《すうじ》の9をきらいになってしまうスポーツは？

Q 218

助《すけ》っ人《と》がかならずいるスポーツってなあに？

Q 219

手《て》からすっぱいにおいがするスポーツってなあに？

Q 211 おもたい

Q 212 あせ

Q 213 夕日《ゆうひ》

Q
220
トランプの中《なか》でキラキラしているものってなあに？

Q
221
おわんに入《はい》るくらい小《ちい》さいボウシって、どんなボウシ？

Q
222
シンデレラにドレスを着《き》せてくれたカイってどんなカイ？

前《まえ》のページの答《こた》え

Q 216 金《きん》メダル（筋《きん》トレ）

Q 215 オルゴール

Q 214 スキー（好《す》き〜！）

Q 223

においをかぐのをいやがるおひめさまって、だあれ？

Q 224

大《おお》昔《むかし》からある楽《がっ》器《き》ってなんだ？

Q 225

桃《もも》太《た》郎《ろう》と仲《なか》間《ま》になったのに、どこかに行《い》ってしまった動《どう》物《ぶつ》は？

Q 219 テニス（手《て》に酢《す》）　Q 218 バスケットボール　Q 217 野《や》球《きゅう》（イヤ！ 9）

Q 226

見《み》るとにやけちゃう
数《かず》っていくつ？

Q 227

くもっていても、
この数《かず》が2つあれば
太陽《たいよう》が出《で》てくるよ。
なあに？

Q 228

授業中《じゅぎょうちゅう》
さわいでいる人《ひと》に
言《い》いたく
なる数《かず》は？

Q 229

半分《はんぶん》にしたら
0になる数字《すうじ》って
なあに？

Q 230

お肉《にく》をやいているときに
聞《き》こえてくる数《かず》は？

Q 231

ありがとうの
気持《きも》ちを込《こ》めた
「999」って
なあに？

Q 225 サル（去《さ》る）　Q 224 たいこ（太古《たいこ》）　Q 223 かぐやひめ（かぐ・イヤ！）

Q
232

学校《がっこう》から家《いえ》に帰《かえ》るときに
生《い》きものの鳴《な》き声《ごえ》が聞《き》こえたよ。
なんの生《い》きものの声《こえ》？

Q
233

いつも元気《げんき》いっぱいで
調子《ちょうし》のよさそうな
先生《せんせい》ってだれ？

Q
234

教室《きょうしつ》、音楽室《おんがくしつ》、しょく員室《いんしつ》、
動物《どうぶつ》がかくれているのはどこ？

前《まえ》のページの答《こた》え

Q228 4（しぃ～）　Q227 3（サンサンとかがやく）　Q226 2（にぃ～）

Q 235

授《じゅ》業《ぎょう》中《ちゅう》、走《はし》り回《まわ》っても先《せん》生《せい》にちっともおこられなかったのはどうして？

Q 236

どう問《もん》題《だい》をといたらいいのか、いつもなやんでしまう授《じゅ》業《ぎょう》って？

Q 237

学《がっ》校《こう》から家《いえ》にもち帰《かえ》って、またもって行《い》くダイってどんなダイ？

Q 231 サンキュー　Q 230 10（ジュ〜）　Q 229 8（8を上下《じょうげ》半分《はんぶん》にしたら0）

Q
238

手《て》ではかけない、
足《あし》じゃないとかけない
ものってなあに？

Q
239

お父《とう》さんは丸《まる》があって
お母《かあ》さんが丸《まる》がない、
これってどの
ひらがなのこと？

Q
240

紙《かみ》をあてたら
もえそうなひらがな
ってなあに？

前《まえ》のページの答《こた》え

Q 234 教室《きょうしつ》（きょウシつ）　Q 233 校長先生《こうちょうせんせい》（好調《こうちょう》）　Q 232 カエル（ゲコ〜→下校《げこう》）

Q 241

さかさまにして
ふいたら
音《おと》が鳴《な》りそうな
アルファベットは？

Q 242

かくとドキドキして
逃《に》げたくなるジって、
どんなジ？

Q 243

目《め》をつぶっている
ときに、手《て》じゃ
なくて口《くち》を使《つか》って
かくものは？

Q 244

うちゅうにいるのは
うちゅう人《じん》、カレーの中《なか》に
いるのはなにじん？

Q 245

うちゅうにいる
銀《ぎん》色《いろ》の虫《むし》ってなあに？

Q 246

望《ぼう》遠《えん》鏡《きょう》で見《み》ていると
「かしなさい！」と
言《い》われる星《ほし》ってなあに？

Q 247

思《おも》いきりジャンプするだけで行《い》けるウチュウってどんなウチュウ？

Q 248

すっぱいホシってどんなホシ？

Q 249

うちゅうで働《はたら》いているウシって、どんなウシ？

Q 241　F（えふ→ふえ）

Q 242　はじ

Q 243　いびき

Q
250

飲《の》むと病《びょう》気《き》がなおる、ちょっと笑《わら》ってしまうものって？

Q
251

飲《の》んだりぬったりしないで、上《うえ》から下《した》に落《お》として使《つか》う薬《くすり》ってなあに？

Q
252

お医《い》者《しゃ》さんと歯《は》医《い》者《しゃ》さんがたたかったら、勝《か》つのはどっち？

前《まえ》のページの答《こた》え

Q246 火《か》星《せい》（かせぃ！）

Q245 ガ（ぎんが）

Q244 にんじん

Q 253

病《びょう》院《いん》の先《せん》生《せい》にわたすお金《かね》は新《あたら》しい？古《ふる》い？

Q 254

カゼをひいていなくても、しゃべるたびにセキをしてしまう動《どう》物《ぶつ》は？

Q 255

大人《おとな》なのに小《しょう》学《がっ》校《こう》2年《ねん》生《せい》かと思《おも》ってしまった病《びょう》院《いん》の先《せん》生《せい》はなに科《か》？

Q 256

虫《むし》の中《なか》で、カだけ連《つ》れて行《い》ってもらえなかった旅《りょ》行《こう》って？

Q 257

コッカは国《くに》の歌《うた》で、コッキは国《くに》のハタ。では、コックは？

Q 258

同《おな》じ料《りょう》理《り》でも日本と海《かい》外《がい》では味《あじ》がちがう。味《あじ》がうすいのはどっち？

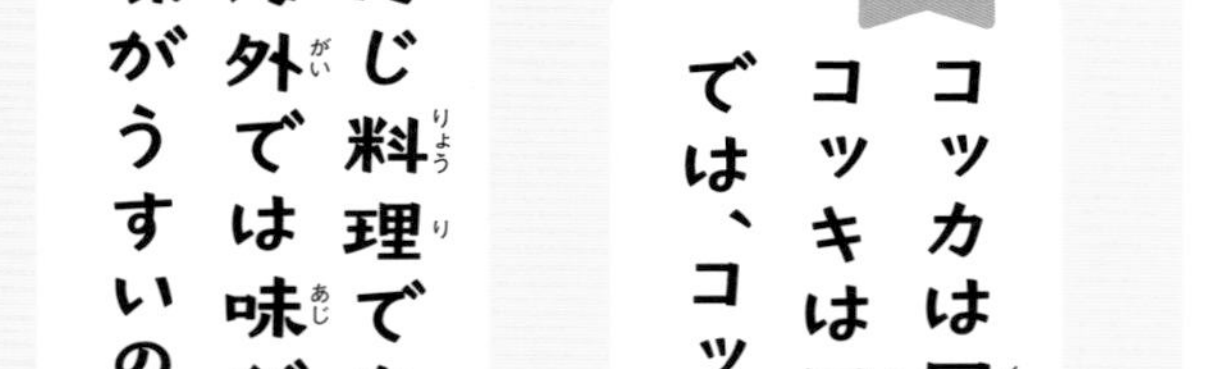

前《まえ》のページの答《こた》え

Q 252 お医者《いしゃ》さん（歯医者《はいしゃ》＝敗者《はいしゃ》）

Q 251 目薬《めぐすり》

Q 250 薬《くすり》（クスリ）

Q 259

おみやげ屋《や》さんに「あげる」と言《い》われたけど、ちっともうれしくなかったものって？

Q 260

中国《ちゅうごく》は中華料理《ちゅうかりょうり》、フランスはフランス料理《りょうり》。では、ニホンじゃないと食《た》べられないのは？

Q 261

温泉《おんせん》の中《なか》で見《み》つけたカイって、どんなカイ？

Q255 小児科《しょうにか》（小《しょう》2か！）　Q254 キツネ（コンコン）　Q253 新《あたら》しい（新札《しんさつ》←診察《しんさつ》）

Q 262

すっぱそうなイスのある国《くに》ってどこ？

Q 263

ネズミが鳴《な》きながらずっと止《と》まらず動《うご》いている国《くに》ってどこ？

Q 264

ほしいものも「ほしくないもん！」と意地《いじ》をはってしまう国《くに》は？

前《まえ》のページの答《こた》え

Q 258 日本（国内《こくない》＝こくない）

Q 257 料理人《りょうりにん》

Q 256 海外旅行《かいがいりょこう》（カ以外《いがい》）

Q 265

イギリスのどこにでもいるという動《どう》物《ぶつ》は？

Q 266

かみの毛《け》が火《ひ》に当《あ》たってこがしてしまった国《くに》はどこ？

Q 267

ひらがなやカタカナで字《じ》を書《か》くとびっくりされちゃう国《くに》って？

Q 261 あったかい　Q 260 はし（はしは2本《ほん》必要《ひつよう》）　Q 259 ねだん

なぞなぞに答《こた》えて、宝物《たからもの》をさがし出《だ》そう！

なぞなぞめいろ

オバケーヌたちが宝《たから》の地図《ちず》を発見《はっけん》したよ。
なぞなぞに答《こた》えながら、森《もり》のおくにある宝物《たからもの》をさがそう！

Q
268

木《き》が3本《ぼん》集《あつ》まるとできる場所《ばしょ》ってどこ？

前《まえ》のページの答《こた》え

Q 264 イラン
Q 263 中国《ちゅうごく》（チュー・動《うご》く）
Q 262 スイス（酢《す》・イス）

Q
269

どっちにしようか
まよっちゃうイロって
どんなイロ？

Q
270

中《なか》からモノがでてきたら
とっても価《か》値《ち》があるのは
田《た》んぼと畑《はたけ》のうち
どっち？

Q 267 カナダ（かなだ！）
Q 266 チリ（チリチリ）
Q 265 リス

なぞなぞめいろの答《こた》え

Q 269 めいろ

Q 268 森《もり》

Q 270 田《た》んぼ(田《た》からモノ→宝物《たからもの》)

オバケーヌ図鑑《ずかん》②

ネコ族《ぞく》

イヌ族《ぞく》

ニャンコーヌ

あざとかわいくて元気《げんき》で、よくはしゃぐよ。くわしくは8ページを見《み》てね。

ミケーヌ

なでるととけそうな顔《かお》になるミケネコのオバケ。くわしくは20ページを見《み》てね。

シバーヌ

よわたり上手《じょうず》で野球《やきゅう》が好《す》き。親友《しんゆう》はトラーヌ。くわしくは22ページを見《み》てね。

マルチーヌ

ふわもこなマルチーズのオバケ。アイスやマシュマロなどのあまいものが好《す》き。

スコティーヌ

たれ耳《みみ》がキュートなアイドル的《てき》そんざい。ニャンコーヌとはえいえんのライバル。

ペルシャーヌ

ふわふわな毛《け》なみはみんなのあこがれ。しゅみは新作《しんさく》のコロンをためすこと。

ワンコーヌ

みんなにフレンドリーなプードルのオバケ。温泉《おんせん》とサウナ、バイキングが好《す》き。

シュナウヌ

まゆげとひげがおじいちゃんっぽいシュナウザーのオバケ。しゅみは読書《どくしょ》。

トラネコーヌ

しまもようがとくちょう。ツンデレだけど、にぼしをもらうとデレデレ。

チビニャンコーヌ

ネコ耳《みみ》がついていて、おチビでキュート。いつか大《おお》きくなることをゆめ見《み》ている。

ダルメシーヌ

黒《くろ》ぶちもようがステキなダルメシアンのオバケ。兄弟《きょうだい》とチェスをするのがしゅみ。

ミズ族《ぞく》

ペンコーヌ

マジメでユーモアのあるペンギンのオバケ。よくころぶ。くわしくは24ページを見《み》てね。

ウーパーヌ

おとめなウーパールーパーのオバケ。ペンコーヌにかた思《おも》い中《ちゅう》で、こっそり見《み》つめている。

サメーヌ

ジャンクフードが好《す》きなサメのオバケ。かじりつくのは、あいじょうひょうげんなんだ。

ラッコーヌ

お気《き》に入《い》りの貝《かい》がらをいつも大事《だいじ》にもっているラッコのオバケ。クリオーヌと仲《なか》よし。

イルカーヌ

なめらかなフォームで泳《およ》ぐイルカのオバケ。とくぎはサメーヌのぼう走《そう》を止《と》めること。

カメーヌ

の～～んびりしているけど、じつは走《はし》ると速《はや》い。ベッドの中《なか》が好《す》きで、ずっとねていたい。

ニシキアナゴーヌ　チンアナゴーヌ

クリオーヌ

ピュアな心《こころ》をもつ、クリオネのオバケ。ハートマークがあって、体《からだ》がほんのりすけている。

メンダコーヌ

はずかしがりやで赤《あか》くなっちゃうメンダコのオバケ。ウーパーヌと交《こう》かん日記《にっき》をしている。

アナゴーヌたち

海《うみ》のそこがお気《き》に入《い》り。ずっとぼーっとしている。むひょうじょうだけど楽《たの》しいんだって。

つづきは125ページだよ

Part《パート》 4

ちょいムズなぞなぞ

ちょっとむずかしい問題《もんだい》にもチャレンジ！
ひっかけ問題《もんだい》もあるからだまされないでね。

Q
271

1年《ねん》生《せい》は6で、2年《ねん》生《せい》は5。
では3年《ねん》生《せい》はいくつになる？

Q
272

テストでまちがった答《こた》えを
1つも書《か》かなかったのに
0点《てん》をとったのは
どうして？

Q
273

どんなに上手《じょうず》に
リコーダーをふいても
音《おと》が鳴《な》らないのはどうして？

Q 274

春《はる》、夏《なつ》、秋《あき》、冬《ふゆ》、一年《いちねん》の中《なか》でいちばん長《なが》いのはどれ？

Q 275

「こうするんだよ！」と教《おし》えてくれるお兄《にい》さんお姉《ねえ》さんが通《かよ》っているのはどんな学校《がっこう》？

Q 276

太陽《たいよう》が真上《まうえ》にきたときにいた小学生《しょうがくせい》はなん年生《ねんせい》？

◀答《こた》えは次《つぎ》のページだよ

Q
277

もち上《あ》げないと
時間《じかん》がわからない
時計《とけい》ってなあに？

Q
278

10本《ぼん》のにんじんが
うえられている畑《はたけ》から
2本《ほん》しゅうかくしたら、
あとはいくつになる？

Q
279

植物《しょくぶつ》だと
においを出《だ》す場所《ばしょ》なのに、
人間《にんげん》だとにおいをかぐ場所《ばしょ》。
これなあに？

Q
280

天気《てんき》予《よ》ほうが
大雨《おおあめ》の日《ひ》、
かさをささずに
出《で》かけたのに
ぬれなかったのはなぜ？

Q
281

山《やま》の下《した》に
ある石《いし》って
どんな石《いし》？

Q
282

明《あ》かりをつけない
部《へ》屋《や》の中《なか》で、この本《ほん》が
読《よ》めたのはどうして？

Q 276 5年生《ねんせい》(小《しょう》5＝正午《しょうご》)　Q 275 高校《こうこう》(こう！こう！せい！)　Q 274 一年《いちねん》

Q
283

1は1、2は2、3は3、4は5、5と6は4、では7はなんになる？

Q
284

「＋《たす》・－《ひく》・×《かける》・÷《わる》」のうち、イタズラが好《す》きそうなのはどれ？

Q
285

足《た》すと10、かけると25になる時《じ》間《かん》帯《たい》っていつ？

Q 286

「あさの5時《じ》すぎ」はなんじになるの？

Q 287

1つしかなくても計算《けいさん》したら15になる、海《うみ》の中《なか》のきれいなものってなあに？

Q 288

ハサミは2、紙《かみ》は5、石《いし》はなんになる？

Q 282 昼間《ひるま》だった　Q 281 岩《いわ》　Q 280 雨《あめ》がふらなかった（天気予《てんきよ》ほうがはずれた）

Q
289

村《むら》のカエルと
町《まち》のカエル、
なぞなぞが
にがてなのはどっち？

Q
290

月《つき》のはじめに
あらわれる動《どう》物《ぶつ》って
なあに？

Q
291

キリンの入《はい》っている
スイーツってなあに？

前《まえ》のページの答《こた》え

Q 285 午後《ごご》(5+《たす》5、5×《かける》5)
Q 284 ÷《わる》(悪《わる》だから)
Q 283 2(漢字《かんじ》の画数《かくすう》)

Q 292

馬《うま》と牛《うし》、てがみをもっているのはどっち？

Q 293

「ウマのうがい」はいつのこと？

Q 294

小魚《こざかな》が3匹《びき》あって、ノラネコが1匹《びき》くわえていったよ。小魚《こざかな》はなん匹《びき》になった？

Q 288 0（じゃんけんの指《ゆび》の数《かず》） Q 287 サンゴ（3×5＝15） Q 286 7じ（7文字《もじ》）

Q
295

コップに入《はい》った牛乳《ぎゅうにゅう》をひっくりかえしたら出《で》てきた食《た》べものは？

Q
296

あらっても、切《き》っても、おだんごを作《つく》っても食《た》べられないものは？

Q
297

みかん7こを、10人《にん》でわけるにはどうしたらいい？

前《まえ》のページの答《こた》え

Q 291 やきりんご（やキリンご）

Q 290 イタチ（つ・いたち）

Q 289 町《まち》のカエル（まちがえる）

Q 298

水《みず》と油《あぶら》、食《た》べると年《とし》をとってしまうのはどっち？

Q 299

おなかがすくとあらわれる、着《き》れないフクってどんなフク？

Q 300

ごはんにかければかけるほど、ごうかでおいしくなるものって？

Q 294 4匹《ひき》（1匹《びき》くわえる＝足《た》した）　Q 293 いま（“う”が“い”になる）　Q 292 馬《うま》（た・てがみをもっている）

Q 301

なぞなぞが
とけた人《ひと》が
なれるイシャって
どんなイシャ？

Q 302

同《おな》じ親《おや》から
同《おな》じ日《ひ》にうまれて、
顔《かお》もそっくりな
2人《ふたり》の女《おんな》の子《こ》が
双《ふた》子《ご》じゃないのはなぜ？

Q 303

市場《いちば》の左側《ひだりがわ》に
女《おんな》の人《ひと》がいるよ。
その人《ひと》って
どんな女《おんな》の人《ひと》なの？

前《まえ》のページの答《こた》え

Q 297 ミキサーでジュースにする
Q 296 かみの毛《け》
Q 295 クルミ（ミルク→クルミ）

Q 304

お母《かあ》さんは健《けん》康《こう》なのに、
ほとんど毎《まい》日《にち》
病《びょう》院《いん》に通《かよ》っているよ。
どうして？

Q 305

いつも左《ひだり》利《き》きの人《ひと》が、
どうしても
右《みぎ》手《て》を使《つか》わないと
切《き》れないものって
なあに？

Q 306

人《ひと》をだまして
ビックリされるたびに
人《ひと》からよろこんでもらえる
お仕《し》事《ごと》ってなあに？

Q300 お金《かね》　Q299 くうふく　Q298 油《あぶら》（オイル＝老《お》いる）

Q 307

この本《ほん》の
いちばん最初《さいしょ》に
使《つか》われた文字《もじ》はなに？

Q 308

A《エー》駅《えき》からB《ビー》駅《えき》までの
電車代《でんしゃだい》は
300円《えん》かかるのに、
1円《えん》もはらわないで
B《ビー》駅《えき》まで行《い》けたよ。
なぜ？

Q 309

ひくと上《あ》がって、
なおるときに下《さ》がるよ。
これなあに？

前《まえ》のページの答《こた》え

Q 303 姉《あね》（女《おんな》＋市《いち》）

Q 302 三《み》つ子《ご》だった

Q 301 せいかいしゃ

Q 310

この本《ほん》を読《よ》み終《お》わったら
見《み》つけた数字《すうじ》はなあに？

Q 311

夕《ゆう》方《がた》に
この本《ほん》を読《よ》み始《はじ》めて
夢《む》中《ちゅう》になっていると
なにかかくれたよ。
それはなに？

Q 312

あなたがこの本《ほん》のページを
めくったのはなんで？

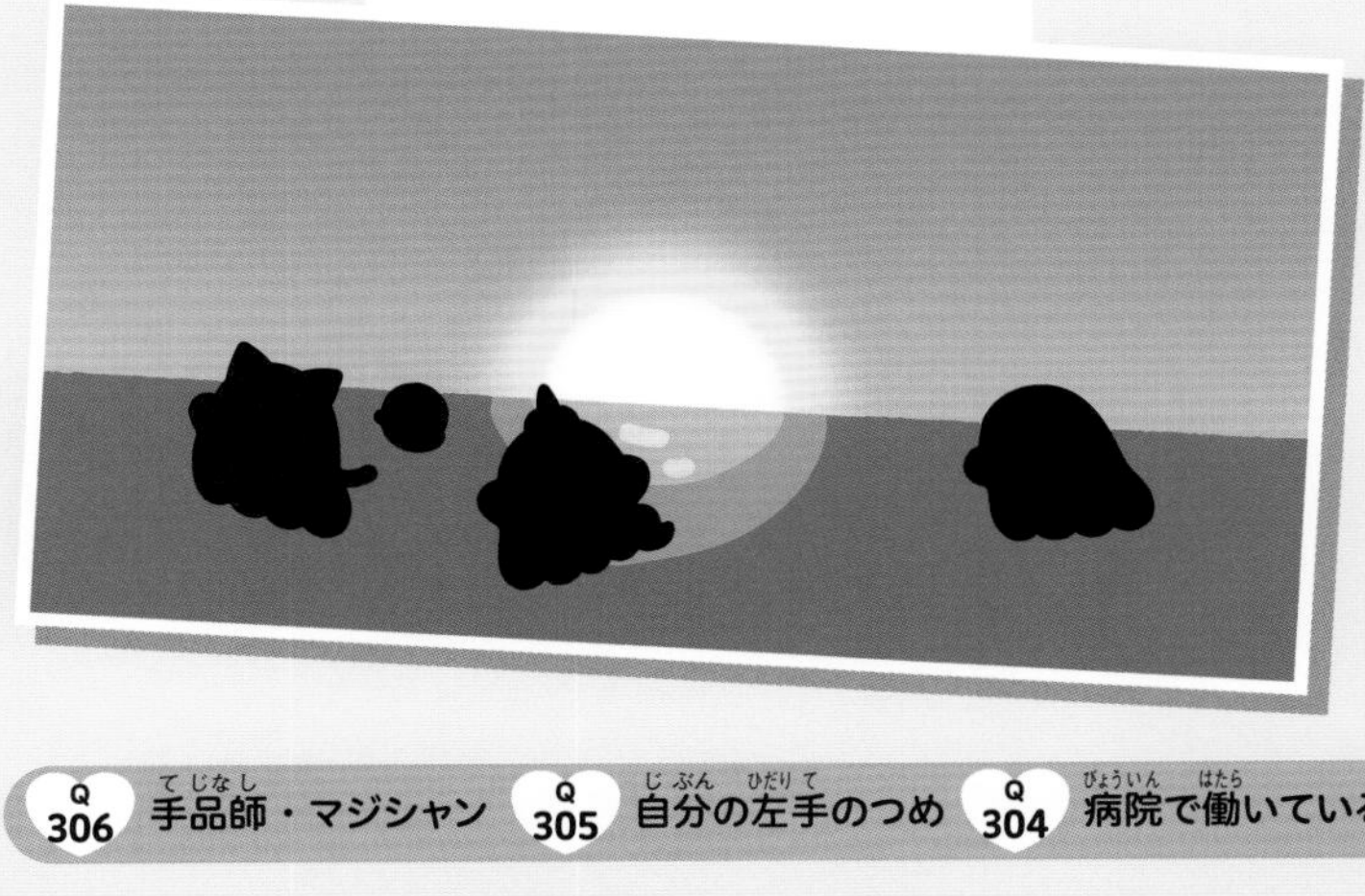

Q 306 手品師《てじなし》・マジシャン　Q 305 自《じ》分《ぶん》の左《ひだり》手《て》のつめ　Q 304 病院《びょういん》で働《はたら》いている

これってなんの絵《え》!?

なぞなぞパズル

バラバラでなんの絵《え》かわからなくなっちゃった！
なぞなぞに答《こた》えて、なんの絵《え》か当《あ》ててね。

Q
313

ソリに点《てん》をつけたら、ちがう遊《あそ》びになったよ。
なにをしているの？

前《まえ》のページの答《こた》え

Q 309 熱《ねつ》

Q 308 歩《ある》いて行《い》ったから

Q 307 こ

Q
314

立《た》ったり
座《すわ》ったりするより、
横《よこ》になったほうが
早《はや》く前《まえ》に進《すす》める
スポーツは？

Q 312 手《て》で　Q 311 日《ひ》が暮《く》れた　Q 310 4(読《よ》んだ！)

なぞなぞパズルの答《こた》え

Q 313 つり（ソリ→ツリ）

Q 314 水泳《すいえい》

オバケーヌ図鑑《ずかん》③

ファンタジー族《ぞく》

テンシーヌ

やさしいせいかく。空《そら》をとべる白《しろ》い羽《はね》で旅行《りょこう》に行《い》くのがしゅみ。くわしくは12ページを見《み》てね。

アクマーヌ

いじわるだけど笑顔《えがお》がにくめない、ずるいやつ。テンシーヌと仲《なか》よし。くわしくは14ページを見《み》てね。

ユニコーヌ

トレンドにくわしいファッションリーダー。みんなのコーディネートの相談《そうだん》にのる。

ガオーヌ

こわそうだけどじつはかわいいものが大《だい》好《す》き。お気《き》に入《い》りスポットはぬいぐるみ屋《や》さん。

フラワーヌ

芽《め》から成長《せいちょう》し、花《はな》をさかせたオバケ。元気《げんき》ハツラツで、フラダンスのような動《うご》きをする。

メカーヌ

コンセントをひっかける、ちょっとドジっ子《こ》。ねじまきが止《と》まるとシャットダウンする。

ユーフォーヌ

うちゅうと交信《こうしん》できるフシギちゃん。しゅみは天体《てんたい》かんそく。メカーヌと通《つう》じ合《あ》える。

オウチーヌ

サイズも心《こころ》も大《おお》きいオウチのオバケ。オバケーヌたちを乗《の》せたままいどうできる。

ヨツバーヌ

めったに出会《であ》えないレアな子《こ》。かくれんぼがとくい。見《み》つけたら幸《しあわ》せになれるんだって。

タベモノ族《ぞく》

プリーヌ

プリンプリンのおはだがみりょくで、あまいかおりがする。くわしくは16ページを見《み》てね。

スシーヌ

わびさびの心《こころ》をもったシブいオバケ。頭《あたま》の上《うえ》はマグロ以外《いがい》もかぶる。わさびは飲《の》みもの。

タコヤキーヌ

関西《かんさい》生《う》まれでノリツッコミはバッチリ。すべったネタも笑《わら》ってくれるトラーヌが好《す》き。

エビフリャーヌ

音《おと》が聞《き》こえるくらいサクサクなエビフライが頭《あたま》にはえたオバケ。タルタルソースが好《す》き。

アイスーヌ

アイスが好《す》きで食《た》べつづけていたら、頭《あたま》にアイスがはえたらしい。あつさには弱《よわ》い。

オニギリーヌ

ほかほかしたおにぎりのオバケ。仲《なか》よくなったらのりをめくって具《ぐ》を見《み》せてくれるかも。

Zukan 3 キャラ図鑑《ずかん》

ショクパーヌ

こまっている子《こ》を助《たす》ける、正《せい》ぎ感《かん》が強《つよ》くてやさしいせいかく。フランスパーヌとランチに行《い》く。

オムーヌ

黄色《きいろ》いたまごのマントをかぶったオムライスのオバケ。グリーンピースを落《お》としがち。

チェリーヌ

仲《なか》よしでいつもくっついているさくらんぼのオバケ。はなれていたらケンカ中《ちゅう》かも。

フランスパーヌ

こうばしくてスタイルがいい、パリ生《う》まれのおしゃれさん。おしゃれなSNS《エスエヌエス》をアップする。

マカロンヌ

マカロンにはさまったら抜《ぬ》けなくなったオバケ。せまいところでむぎゅっとされていたい。

モンブラーヌ

ほろあまいマロンがのった、大人《おとな》っぽいふんいきの子《こ》。雨《あめ》の日《ひ》のカフェがしずかで好《す》き。

ゼリーヌ

ツヤツヤのおはだは、その日《ひ》の気分《きぶん》で色《いろ》や味《あじ》がかえられる。パーティーに行《い》くのがしゅみ。

作：高《たか》橋《はし》啓《け》恵《い》

なぞなぞクリエイター、クイズ作家。前職は観光バスガイドで、俳優・タレント・CM出演の経験も。著書『たのしくことばが身につく！　なぞなぞ1000』（池田書店）をはじめ、『ころころコロニャ なぞなぞするニャ』『こねこのコットン ほんわりなぞなぞ』（学研プラス／キラピチブックス）、『ちいかわ なぞなぞブック』（KADOKAWA）など、多数のなぞなぞ本を手掛ける。

カバー・本文デザイン	岩田 歩　浜田美緒（ohmae-d）
カバーイラスト	河原田瞳美　進士瑞希（株式会社クラックス）
本文イラスト	河原田瞳美　進士瑞希（株式会社クラックス） ふじもとめぐみ
編集	櫛嶋理恵（株式会社シーオーツー）
本文DTP	株式会社アド・クレール

オバケーヌ 公式ホームページ
https://crux.jp/obakenu/

どろどろ〜ん
オバケーヌのなぞなぞ

2024年 6月 5日発行　第1版
2024年12月 5日発行　第1版　第3刷

著者　高橋啓恵
発行者　若松和紀
発行所　株式会社 西東社
〒113-0034　東京都文京区湯島2-3-13
https://www.seitosha.co.jp/
電話　03-5800-3120（代）

※本書に記載のない内容のご質問や著者等の連絡先につきましては、お答えできかねます。

ISBN 978-4-7916-3363-0